京都之美

上海博物馆 编

北京大学出版社
PEKING UNIVERSITY PRESS

目录

まる　たけ　えびす　に　おし　おいけ

丸　竹　夷　二　押　御池

译：丸太町通 / 竹屋通 / 夷川通 / 二条通 / 押小路通 / 御池通

あね　さん　ろっかく　たこ　にしき

姉　三　六角　蛸　锦

译：姉小路通 / 三条通 / 六角通 / 蛸药师通 / 锦小路通

し　あや　ぶっ　たか　まつ　まん　ごじょう

四　绫　仏　高　松　万　五条

译：四条通 / 绫小路通 / 佛光寺通 / 高辻通 / 松原通 / 万寿寺通 / 五条通

せった　ちゃらちゃら　うおのたな

雪駄　魚の棚

译：雪屐、金声、鱼之棚（今杨梅通、的场通、六条通）

ろくじょう　さんてつ　とおりすぎ　ひっちじょう　こえれば　はっくじょう

六条　三哲　通り過ぎ　七条　越えれば　八九条

译：走过六条，穿过七条就是八、九条（“三哲通”即今六条通）

じゅうじょう　とうじで　とどめさす

十条　東寺で

译：到东寺十条为止

京都童谣“皮球歌”《丸竹夷》，每一个词代表京都一条东西向道路名。这一版与实际路序略有差异。日语中“通”就是汉语“路”的意思。

金阁寺
龙安寺
北野天满宫
地铁乌丸线
上贺茂神社
下鸭神社
高野川
川端通
银阁寺
今出川站
今出川通
金刚能剧院
京都御所
乌丸通
堀川通
千本通
西大路通
鸭川
河原町通
丸太町通
丸太町站
京都文化博物馆
二条城
二条站
乌丸御池站
西大路御池站
三条京阪站
地铁东西线
三条通
八坂神社
祇园
四条站
四条通
清水寺
京都国立博物馆
五条站
五条通
西本愿寺
东本愿寺
三十三间堂
七条通
JR · 近铁京都站
伏见稻荷大社
东寺
九条通
醍醐寺
（东南郊）

京洛纵横

温睿

日本京都，是日本人的精神故乡，中国人的“似曾相识”，连西洋人对东洋文化的好奇心，也能在此得到充分满足。公元794年，桓武天皇迁都平安京，正是看中了这块盆地三面环山、两边傍川（东山，西面岚山，北面鞍马山、比睿山；西面大堰川—桂川，东面贺茂川—高野川呈“丫”形合流为鸭川）的好风水。

如今京都市内的道路排列齐整、纵横交错，是外来者眼中的“迷宫”，却是本土人士烂熟于心的“棋盘”。日本漫画里的侦探们不仅能看出一张简笔画地图里埋伏的路线，还能据此找到通天立柜里“弁庆的抽屉”，在千钧一发之际抽出其中的长刀防身救命，其“秘诀”正是记录了京都路名的传统童谣“皮球歌”《丸竹夷》；明治时期后起的儿歌《寺御幸》则与之互补。京都的交通网也十分发达，火车（JR·近铁）、地铁（“东西线”、南北向“乌丸线”）、电车（京福、京阪、阪急、睿山等）、公交（市营、京阪）一应俱全。

盆地气候是一把双刃剑，使京都春樱烂漫、秋枫尽染，代价却是夏蔚酷暑、冬雪严寒。三步一寺庙、五步一神社，博物馆、剧场、祭礼、活动……游者很快便会发现，自己不是已经身在其中，就是正在通向它们的途中。

洛南朱雀：春光无限好（京都南郊及七至九条）

洛南的春天，远离尘嚣、清净淡然。一元复始，万象更新，人们纷至沓来，直奔一份好兆头。

每年1月1日至3日的新年“初诣”，是伏见稻荷大社的“开门红”——近畿地区就数这里最热闹，一般每年都有超过250万人到此“初诣”；而据说某年的“三之日”，到访人数在日本全国都名列前茅。伏见稻荷大社是日本全国约三万间稻荷神社的总本宫，又主祭司掌五谷丰登的稻荷神，难怪大家趋之若鹜。

每到新年，身着传统服饰，来到东山三十六峰最南端的稻荷山“初诣”，举目是近万座鸟居的丹朱色，呼吸间有“神木”杉树的清冽气

伏见稻荷大社

京都市伏见区深草薮之内町

伏见稻荷大社本殿位于稻荷山山麓，稻荷山全境均为其神域。大社原名写作『伊奈利』，取『稻谷生长』之意；如今『伏见』是地名，指神社的所在地京都市伏见区，『稻荷』则指这座神社的主祭—稻荷神。山麓本殿集中供奉着五尊祭神，『一分为五』地代表着稻荷大神的不同方面。透明的『白狐』（びゃっこさん）据信是稻荷大神的『眷族』（亲属），在此一并受到人们的尊崇。可见自古以来，五谷丰穰、商贾繁盛始终是民众最诚挚的心愿。

通往稻荷山的石阶入口由近一万座鸟居包围，其中间隔非常密集的部分还特称『千本鸟居』。『朱漆』以具有防腐功能的水银为原料，『丹朱』象征稻荷大神司掌五谷丰穰的神力，闪耀在山色青翠苍茫中。奉纳鸟居的习惯始于江户时代，行人从鸟居下经过，象征『如愿以偿』，因此这一传统颇受商人追捧。

息。亲手挂上伏见稻荷大社特有的三角形白狐绘马，再把白狐学业守和布艺白狐挂饰等人气限定品都收入囊中，方不虚此行。

从南郊回到京都市区南部，七条大路东边一带还有新年弓道比赛——“三十三间堂大的（音第）全国大会”可以看。每年1月中旬“杨枝御加持大法要”当天，这一赛事都会在三十三间堂本堂西侧举行。新成年的人们身着振袖袴济济一堂，在此大显身手。

三十三间堂一直都是“通矢”的舞台：江户时代，来自各藩的弓术家在本堂西轩下聚集，场地北端设置着箭靶，南端则是射箭的地方。“通矢”指“通过廊下”，只有用强力拉弓才能做到，关乎弓道家的名誉。与古代的“通矢”相比，如今“大的大会”上的60米射程在弓道竞技中属于“远靶”，二者相去甚远。

堂名中的数字33，源于《法华经》等所说的观音菩萨有33种不

同的现身姿态；殿内本尊千手观音坐像由 1001 尊千手观音立像分排胁侍，与之相乘，便是俗话所说的“三十三间堂内有 33033 尊佛”。入母屋造、本瓦葺、坐西向东、南北延伸的内殿也恰好有 33 个柱间隔。

顺及，三十三间堂对面就是同在七条、身为四大国立博物馆之一的京都国立博物馆。如果恰逢新年休假，只看一看“表面”也是值得的——西洋风味的旧本馆和正门都是重要文化财呢。

七条至九条当中还有三间坐拥国宝级建筑的佛教寺庙，分别是东本愿寺（“真宗本庙”、“お東さん”）、西本愿寺（“龙谷山本愿寺”、“お西さん”）和九条大路上的东寺。

等到四月中旬春色至盛，再折回南郊，到醍醐寺去赏樱吧。“丰太阁花见行列”每年都会在此举行，重现丰臣秀吉昔日“醍醐花见”的佳话。巡游者们扮作秀吉等人的模样，舞乐喧天，像一场盛大的

三十三间堂

京都市东山区三十三间堂廻町

京都国立博物馆

京都市东山区茶屋町

身为四大国立博物馆之一的京都国立博物馆，于1897年（明治30年）开馆，主要收藏并展示平安时代至江户时代以京都文化为中心的文物，馆藏国宝二十余件、重要文化财近两百件，连片山东熊设计的旧本馆（明治古都馆）和正门都属于重要文化财。与颇具京都传统风味的藏品相异，明治古都馆为炼瓦造、平屋建的法式文艺复兴风格，正门则是红墙白沿配墨绿色洋葱顶，西洋风味十足。

京都文化博物馆

京都市中京区三条高仓

西本愿寺

京都市下京区堀川通花屋町

东本愿寺

京都市下京区乌丸通七条

东寺

京都市南区九条町

东寺与醍醐寺同为日本真言密教的重要道场。东寺境内的木造五重塔足有54.8米，比醍醐寺的还要高上十几米，是本寺甚至京都的标志性佛塔，为日本第一高。

西本愿寺（唐门局部）

两寺各有一座极具特色的唐门，其中东本愿寺阿弥陀堂门为切妻造、桧皮葺的四脚门，并设有『唐破风』，江户时代中期建造时称『唐门』。西本愿寺的飞云阁，与金阁寺的金阁、银阁寺的银阁并称『京之三阁』。

醍醐寺

京都市伏见区醍醐东大路町

Cosplay，驱走了三宝院的春寂；漫山遍境的垂枝樱、染井吉野樱、山樱和八重樱又似粉幼云霞，向如织的游人颔首致敬。

既然来了，不像当山修验派僧侣那样亲自爬一回“上醍醐”，是会留下遗憾的。然而沿途土阶松滑、石阶凌乱，单程至少一小时……再转念一想，能亲手接饮鲜活的上醍醐水，亲眼目睹落尽铅华的庙堂，亲自寻回澄净的内心，褒奖至此，累便如何？

下鸭神社（婚礼）

京都市左京区下鸭泉川町

洛北玄武：翩然世外闲（京都北郊及鸭川上游附近）

洛北地区是传说中的灵运之所，清幽高雅，许多皇亲贵胄都归隐于此。修学院离宫、比睿山延历寺、鞍马寺、贵船神社等地，几乎都在睿山电车沿线；更远一些的三千院等，要靠四只轮子的帮助；“哲学之道”及月光下的银阁寺（慈照寺），适合散步幽思。

汇聚成鸭川的两条上游源流附近的两座贺茂神社，祭祀的都是日本古代氏族贺茂氏之神，是极富日本本土信仰特色之地：上贺茂神社（贺茂别雷神社）毗邻贺茂川，下鸭神社（贺茂御祖神社）则更近高野川；后者境内的参道、神殿正面还与两川交汇处呈“三点一线”。时至五月初夏，十分适合观览两社共同举办的“贺茂祭”。

“贺茂祭”即“葵祭”，为京都三大祭之一，平安时代以“祭”专指；它又称“北祭”，与石清水八幡宫的“南祭”相对；此二者又与“春日祭”并称“三敕祭”，都是属于贵族的祭礼。“葵”指的是江户时代开始在巡游当天广泛饰用的葵叶，葵祭（贺茂祭）也是少有保留着王朝风俗传统的日本祭祀之一。

葵祭分为“宫中之仪”“路头之仪”和“社头之仪”，“宫中之仪”现已不再进行。5月15日（农历四月的酉日）“路头之仪”是葵祭的亮点，近卫使等五位组成的“本列”和以“斋王代”为首的“女人列”将身着饰有葵花的平安时代的衣装，与牛车一同从京都御所出发，经下鸭神社抵达上贺茂神社，巡游全程约8公里。

“斋王”原由皇室公主担任，如今则从京都甄选合适的女子为“斋王代”；以“斋王代”为中心的“女人列”全体盛装，不过只有斋王代一人涂黑齿。虽说“斋王代”是葵祭的主角，但实际上“敕使代”才是核心人物，《源氏物语》中光源氏担任“敕使代”、其正妻葵上与情人六条御息所的“车争”，都是与贺茂祭有关的著名场面。

洛东青龙：夏炎舞乐喧（京都东部东山地区）

这里是《丸竹夷》第二、三两句所涉及的区域。

京都东山的腹地暗藏玄机：三条大路东边尽头的南禅寺一带，有好吃的汤豆腐料理；四条大路鸭川边上的京都四条南座，是日本最古老的歌舞伎剧场，地上四层、地下一层，外观为桃山时代风格；四条大路的最东边，就是比南座更热闹的祇（音齐）园和八坂神社。花见小路上的艺伎们每天要用十多个小时练习日本歌舞、乐器、花道和茶道等传统技艺，华丽的外表下全是努力、汗水和心血。

另外，在五条的清水寺至少要做四件事：走一回漆黑的“胎内”，由本心指引；登一回“清水的舞台”，眺京都风光；用“音羽之泷”的水净手，求神之祝福；闭上双眼在地主神社的两块“恋占之石”中间顺利往返，祈天赐良缘。

上贺茂神社

京都市北区上贺茂本山

南禅寺

京都市左京区南禅寺福地町

东山四条地区甚至整个京都夏季的盛事，当属京都三大祭之一的“祇园祭”。它始自9世纪（日本贞观年间），与贺茂祭相对，是属于民众的祭礼。

整个七月，祇园祭的大小活动日日不断。山鉾町主办的活动中，作为高潮的“山鉾行事”被指定为重要无形文化财；它分为“前祭”和“后祭”，以“宵山”和“山鉾巡游”闻名，在四条大路、河原町路和御池路等处可以观看后者。八坂神社主办的神事则包括著名的“神舆渡御”和“神舆洗”等等；与“山鉾巡游”不同，“花伞巡游”有许多女性参与者。

清水寺

京都市东山区清水1丁目

法相宗清水寺与广隆寺、鞍马寺同为自身历史始于平安京迁都以前的少数京都寺院之一，也是日本有名的观音灵场。清水寺依音羽山腹而建，本堂坐北朝南，称『清水舞台』，由此可以远眺京都市内的风光。其屋檐为寄栋造、桧皮葺，正面左右两侧突出的翼廊为入母屋造。建筑的前半部分立于山体斜面上，约139根榉木柱支撑着『舞台』部分，却未用一根钉子，这种『悬造』或『舞台造』结构与《妙莲法华经观世音菩萨普门品第二十五》所说内容相应。

御念珠

南座

京都市东山区四条大桥东诘

八坂神社

京都市东山区祇园町北侧

祇园

京都市东山区祇园町

这里虽以『花见小路』、白面华服的艺伎和预约制日式料亭为特色，但绝非花街柳巷——艺伎们的训练和出场，都是十分严肃的事：精湛的传统技艺，盛装高雅的仪态，整齐划一的表演……浮华过眼，却令人心生敬意。

祇园祭

牛头天王同时是八坂神社（祇园社）的祭神和佛教圣地祇园精舍的守护神，故祭礼初称『祇园御灵会』；此后受明治维新『神佛分离』政策的影响才更名为表示地名的『祇园祭』。

从南边的紫宸殿和清凉殿等数起，到北侧近中央区域的小御所、御学问所等，再至最北边的御常御殿等等，群集的建筑物反映了平安时代以降日本建筑样式的变化。

与一般的历史建筑不同，京都御所是皇室关联设施，现归宫内厅管辖，因而参观之前一般需要预约，还需事先做好准确而详细的个人信息登记。

京都御所

京都市上京区京都御苑

一般以今出川路为京都市区与北部的分界线，目前的京都御所恰好以这条分界为自己的北限，南限则是丸太町路；再加上西限的乌丸路和东限的寺町路，如今的京都御所正安居其中。

京都御所保留着日本古代『内里』的形制，先后历经260余年间的九次建造、丰臣秀吉及德川家族的六次纵火示威，这片现今占地面积约11万平方米、南北长约450米、东西长约250米的区域中，目前可见的建筑群大多重建于江户时代。

洛“中”破立：往昔峥嵘瘦（京都市区一至二条）

这里就是“皮球歌”开头一句所提到的区域了。

现南门位于丸太町路上的京都御所，在很长一段时间里都是正式的皇居。预约参观就有可能听到导游的关西腔解说，被细碎砂石路面磨破鞋底也是值得的！

御所西门（中立卖御门）对面金刚能乐堂由能乐“シテ方”五流派之一的“金刚流”所有，后者是目前唯一留在京都（关西）的宗家，因华丽优美的台风和众多著名的行头、能面收藏而获称“舞金刚”和“面金刚”。

二条大路西面的这座二条城，见证了德川幕府的兴亡一生。原平安京“大内里”东南部的禁园“神泉苑”也曾遭其圈占，德川家与公家分庭抗礼之心昭然若揭。

二条大路东面的平安神宫其实是一座大神社，复原兴建于明治时期。每年 10 月 22 日的“时代祭”属京都三大祭之一，就是为纪念其营造而举办的。

时代祭以八个时代、20 个行列的 2000 人队伍，加上不同的衣装、道具，如一幅溯流的历史画卷，重现了各时代的风采：以明治维新时代为首，其次是江户、安土桃山、室町、吉野、镰仓、藤原和延历时代。带头的“名誉奉行”由京都府知事及京都市长等人担任，队伍长约两公里，四公里半的行程约需三小时左右：当天正午从京都御所出发，沿丸太町路、乌丸路继续向南，依次经过御池路、河原町路等中心地区，最后从三条大路进入神宫路，抵达平安神宫。

洛西白虎：秋枫冬雪齐（金阁寺一带及京都西郊岚山地区）

衣掛之道沿线由北至南分布的三座寺院——金阁寺、龙安寺及仁和寺，与京都西部的岚山地区相距不远，京都公交系统中都有“金阁寺 / 岚山”一线，便于一并游览。

金阁寺初名“鹿苑寺”，取自室町幕府第三代将军足利义满的法号；在此发生的真实事件，则成就了作家三岛由纪夫。龙安寺方丈庭园又名“虎渡幼子庭”或“七五三之庭”，分别源于中国谚语和古人的数字信仰。仁和寺是曾经的敕造寺，至明治时期一直受到皇家庇护。

日语教材中常见“京都的红叶很有名”的说法，其中翘楚非岚山莫属。数不清的寺庙、神社与传统民居、温泉旅馆相间，游人不妨驻足渡月桥，留下日薄西山的退世之感，带一身轻适离开，不摘一片云彩。

结语

《丸竹夷》和电车，能使人充分体验京都的一年四季甚至一生风景。京都美得翩然出尘，又不动声色，如同一部翻不完的好书，千年清净，回味无穷。

银阁寺

京都市左京区银阁寺町

室町幕府第八代将军足利义政模仿金阁寺舍利殿（鹿苑寺金阁）建造了观音殿，作为慈照寺的中心建筑。据记载，迟至江户时代以后，慈照寺观音殿才仿照前者得名『银阁』，『银阁寺』一称也逐渐出现在后起的刊物里。

二层木造建筑银阁，屹立在慈照寺锦镜池东畔。屋檐为宝形造、柿葺，屋顶上曾放置宝珠一颗，而非如今所见的铜制凤凰。『名不符实』的是，观音殿外壁通体黑漆、未贴银箔，与鹿苑寺金阁截然相反。对此，『财政紧张』说、『义政先去』说、『年久脱落』说等众说纷纭，而目前只有一说或可『眼见为实』：日光的增减变化，会使慈照寺观音殿外壁黑漆折射出粼粼银光。当寺境内月光下的向月台与银沙滩，也足以与之一同撑起『银』阁寺的美名。

金阁寺

京都市北区金阁寺町

日本著名作家三岛由纪夫最成功的作品《金阁寺》，就脱胎于发生在金阁寺的真实事件：昭和25年（1950年），金阁寺舍利殿（金阁）因人为纵火而烧毁，五年后重建。

金阁与镜湖池中的倒影『逆金阁』，在夕阳下熠熠生辉，在枫叶环抱中灿烂夺目，在白雪皑皑间的流光溢彩；加上塔顶凤凰振翅欲飞的气势，都是独属金阁寺的极致的美。也许是时代背景的映衬，使这份绝无仅有的美灼伤了脆弱的心灵，小说中的主人公才生出了疯狂的念头，在绝望挣扎之后选择与这片美景同归于尽。

能面

金刚能剧院

京都市上京区乌丸通

日本能乐流派『大和猿乐四座』系统，实际上由『观世座』、『宝生座』、『金春座』和『金刚座』组成，江户时代另由金刚座中分出『喜多流』，并称『四座一流』。1998年9月18日，金刚永谨继任金刚流二十六世宗家。

金刚能乐堂里，镜板松绘、桥悬、石舞台一应俱全。演出时，主人公『シテ（為手、仕手）』站在舞台中央，最前面背向观众的『ワキ（脇）』是与之呼应的角色；旁边八至十名『地谣』分为前后两排，对着舞台而坐，辅助念白、吟唱和旁白；『囃子方』（乐队）从正面右边数起依次是笛、小鼓、大鼓和太鼓，再加上『後見』（舞台后勤），一起坐在主人公背后。

北野天满宫

京都市上京区马喰町

二条城

京都市中京区二条通堀川西入二条城町

日本史书上的二条城不止这一处，但最为人们熟知的恐怕就是这座由德川家康营造于江户时代的二条城了；它既是德川家康『将军宣下』的贺仪，也是德川庆喜『大政奉还』的终点。城内有国宝二之丸御殿（六栋）、包括二十多栋建筑物及千余面障壁画在内的重要文化财，金色德川家纹举目可及，二之丸御殿的庭园还被指定为特别名胜。

平安神宫

京都市左京区冈崎西天王町

平安神宫以平安京大内里正厅『朝堂院（八省院）』为复原蓝本，按八分之五的比例缩小重建：正门模仿应天门，与参道上高达24.4米的大鸟居一同闪烁着丹朱色的光芒；外拜殿则模仿大极殿，左右两侧分别配着苍龙楼和白虎楼。日本庭园『平安神宫神苑』由名家督建，耗时二十余年，从明治至昭和；其占地面积约为整个神宫的一半，以良好的生态环境闻名。

时代祭

熊野神社

京都市左京区圣护院山王町

龙安寺

京都市右京区龙安寺御陵之下町

『龙安寺石庭』以白砂为底，其上由东侧开始分别群置着5、2、3、2、3共15块石头。中国俗语『虎生三子，必有一彪』，母虎将幼虎运过河岸时，往往不让凶悍的『彪』与其他幼虎单独相处，知子护子之心如石之姿；按顺序把石碓数目相加，5加2得七，3加2得五，剩下的恰好是三石，古人显然更推崇『阳数』（奇数）。

建仁寺

京都市东山区大和大路四条下行道小松町

东福寺

京都市东山区本町 15丁目

大德寺

京都市北区紫野大德寺町

佛具

怀中物

徐旭峰

京都能看得实在太多，每次总有新的发现。

京都的四季是色彩分明的。坐着地铁到五条站，东福寺或者清水寺就在那里，春天也在那里，整片整片的粉色花云造成空中楼阁的错觉，一场花瓣雨，缤纷落英停留在驻足观看的旅人的肩上。四条或者伏见大社是体验夏天的绝佳所在，一直想在四条体验一下盛夏的祇园祭可每每总是错过，让人平添许多想念。伏见大社，是狐狸的居所，被日本人视为圣域，关乎着京都人的生老病死，所以他们很是在意。随一片片赤红的鸟居拾级而上，人就像在漫长的隧道里，不知道哪里是尽头。京都人的心里，岚山和鸭川这一山一水比什么都重要，富士山于他们的精神世界而言显得太过遥远。秋天，在银阁寺一带哲学之道上漫步，尽头便是被枫叶浸染的南禅寺。岚山的枫叶更美，各式的红层层叠叠令人目不暇接。冬天，金阁寺被盖上厚厚的白，下面略略漏出些金和黛，煞是好看。

女子的眼睛会说话，京都女子的腰也会说话，配在腰间的腰带并不让人感到累赘拖沓，有西阵织的，有京友禅的，带着些贵气。京都人对于面料相当讲究，往往不惜成本做出一件看似不起眼的衣服，只有穿在身上时才能领略到它的妥帖。当和服穿挂在架上，就是一幅画，完整的构图，有着丰富的细节，京都女子把自认为最美的故事穿在了身上。小巷子里时常见到穿着和服的男女，花色夺目的大多是旅人，真正的本地居民反会穿些素色的，方便而实用。偶尔有艺伎迎面走过，颈部的“风暴”和眼角的红，有一种骨肉香彻的含蓄。脸上的表情波澜不惊而人生阅历全融于她们的举手投足之间，起身的那一刻，走路的小碎步，配合着和服的紧致。她们平日出行的和服虽然朴素，但那根腰带或者手中挎着的小包，又或者腰间细细的京编绳，却异样别致。擦肩路过，忍不住会下意识多看一眼，她们的怀里常常会像魔术般变化出很多的精致东西。

京都的每一处老铺子的店面前都挂着低低的暖帘，越是犹抱琵琶越是惹人张望，轻轻撩开，往往是一场充满惊喜的旅途。京都的匠人们本着职人精神带着最打动人的情绪打造出了京都人怀里手中精巧的物件。

爱穿和服的京都人几乎都有一把京扇，天热的时候纳凉用，飞扑流萤的时候用，说话的时候也不忘稍稍遮一下。扇上一朵若隐若现的椿让人想起一百五十余年历史的“かづら清老舗”，独家密制的椿油（护发素）和椿膏（固体香水），便是从草本中获得了灵感。艺伎们发间的珠花、簪子又是一道永恒的风景，莳绘、螺钿的精雕细琢，匠人们是把风花雪月的故事镶了进去。

京都的雨季最富诗意，雨滴子顺着房檐凝结滴落，敲在石板上，让夜晚的小巷子生出许多的惊喜。狭窄的巷子里不知道藏着多少家料理店和喫茶屋，每家店面都不大，昏黄的灯光从竹帘漏出，生出一番景致。东方人的审美习惯，总是让人猜不透的含蓄蕴藉，温和得如同屋檐浑圆而饱满的雨滴，如同京都女子温婉的姿态，如同京都人的怀中物，于无声处的细节构成了他们的审美态度和生活质量。

人偶

七宝

带留

流苏

流苏，有点类似于中国传统宫灯上的『穗子』，在京都的寺庙、神社、御所等几乎处处可见，是文房器具的爱好者离不开的小器物。流苏不同的结法使其种类异样丰呈，加之各类颜色的冲击搭配，和式美感迎面而来。

绳结细工

京都人对于绳结的钟爱体现于生活的方方面面，如贺卡上祝寿用的龟鹤，喜庆节日的红白双结扣等。精致的绳结在手艺人的手中，完全就是一件艺术品。

唐纸

单色多，套色较少的唐纸与中国年画的雕版印刷工艺有许多相似之处。由于矿质颜料中加入了云母粉，在自然光下摇曳时，纸张会有晶亮的微光。唐纸的雕版创作来源于自然，花草龙鹤皆为纹样，单个图纹重复堆叠。店主可以根据不同客户的性格和需要创作不同风格的图案。1624年的京都唐纸屋『唐长』就是如今少有的几家还在坚持传承的店铺。

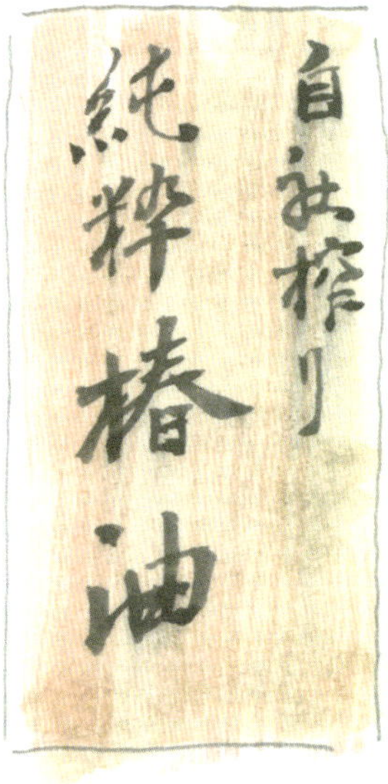

椿油

在京都的一些日用品老铺子里，自家秘制配方的护发椿油、精美的发饰、以盛樱、紫藤、椿、桔梗作装饰的梳子、珠花和簪子都是人气产品。由此人们得以了解艺伎们高贵的行头和生活细节。

京提灯

京都市内各类门店一般每晚8点陆续歇业，万籁俱静，有些店铺或者旅馆门口亮起了一排排以竹轴和纸构成的京灯，呈扁长、圆体的基本造型，在暖色的映照下倍显亲切感。大部分灯面都会写上对应的老铺堂号。再好些的提灯则是拉伸型，表面绘有淡雅花草。

砚箱

日本是个善于收纳的民族，细碎之物都会想尽办法去归纳和整理，砚箱、文库、书状箱、短册箱等的诞生与这种习惯密不可分。结构简单的砚箱可以盛放毛笔、水滴、砚台，还能放裁纸刀、信笺等。大家族还会以嫁妆的形式赠于出嫁女子，其奢华的制作工艺也间接体现家族的社会地位。

手印纸牌

日式手印纸牌全部工序多达十余道，纸牌的图案皆由手艺人亲自雕刻、刷骨、裁切、贴合，使用的是以前的染料，能干净地呈现出漂亮的颜色，是机械印刷很难达到的质感。

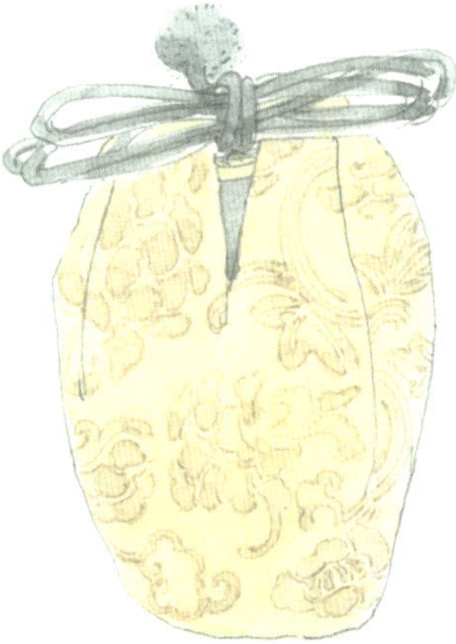

仕覆

简而言之，仕覆是为保证重要器物的安全所专门设计的布套。仕覆的绳结打法相当复杂，种类繁多，仅志野袋便有十二月花结。

京扇

花簪

朱漆梳

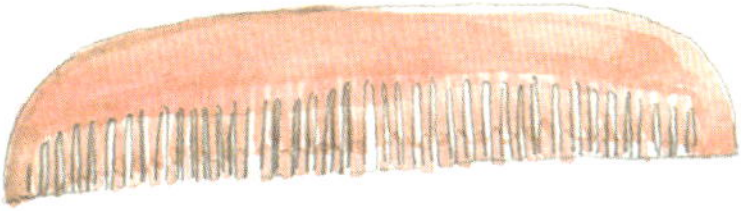

黄杨木梳

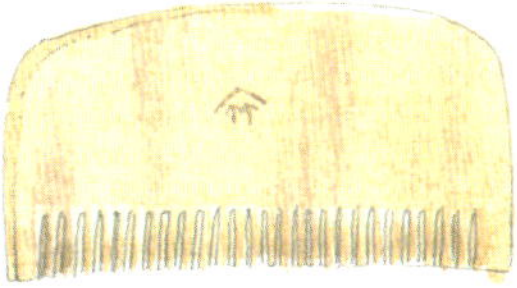

黑漆螺钿梳

足袋

京友禅

京编绳

京烛

金网过

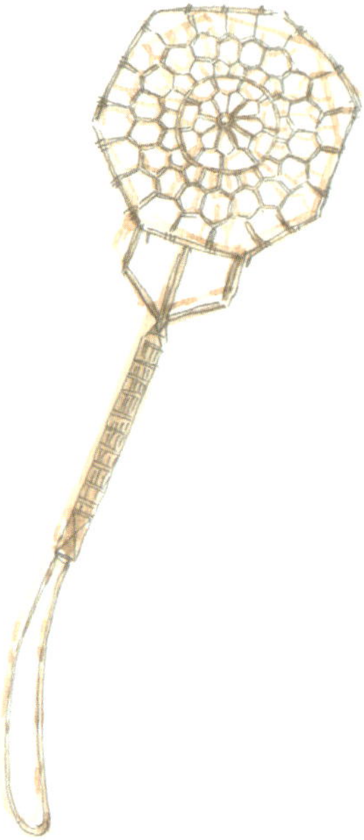

虫笼

烟管

烟管筒

空手沾香

徐旭峰

爱香，所以喜欢闻香，相比西方的香，东方的香更沉得住气，植物的气息和大地的味道，甚至可以把空气凝滞。闻香的器具准备起来略微繁琐，那些貌不出众的香丸、香片，隔火之后气息迷离，一炉香气香满室。

线香式的沉香，柔软剔透，香气比丝绸还轻柔润滑，极轻微的一个呼吸都改变烟势，看着它缓慢的变动就是一种享受。爱香人喜欢以埋碳法用云母片或者极薄的银叶为衬，将香片或者香丸（多为合香）置其上，用适当的热度持续渐进地使其挥发香味。闻香犹如泡茶，前中后香气各不同。“乘风香气凌波影，挑弄眠冰立雪人。”宋人曾丰以此句形容水仙，然而却恰似对香气节奏的精妙概括，香气随风呈凌波状，有质有形。雨季或者潮湿季节燃香气味则停留更久，余香绕室回味无穷。往往近处闻得不太浓郁，远处反而醇厚丰富！

古人爱香，爱到状其名，数百个宋香谱和明香谱中的香方因此而诞生，林黛玉拟过一个灯谜，“朝罢谁携两袖烟，琴边衾里两无缘。晓愁不用鸡人报，午夜无烦侍女添。焦首朝朝还暮暮，煎心日

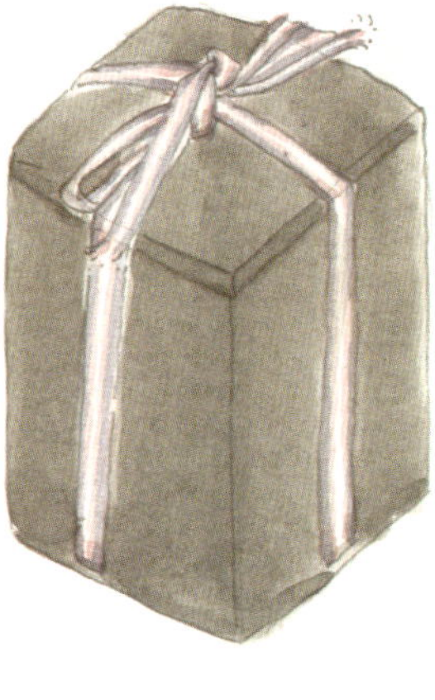

日复年年。光阴冉冉须当惜，风雨阴晴任变迁。”猜的是更香，说的则是人。寂夜更香，自燃自灭无人关切，仿佛黛玉多病多愁多泪。第七十六回写湘云到潇湘馆过夜，湘黛二人同时失眠。黛玉说，“我这睡不着也并非今日，大约一年之中通共也只好睡十夜满足的。”黛玉就像更香，日夜燃烧，一怀真情却终究红尘无缘，香尽人亡，到头一场惘然。

闻香时，有人习惯性地以手触香，捏紧再打开细闻，是香太过妙，使人下意识地郑重其事，沾些香气也是好的。香气扑鼻，心境澄阔，常常让人想起安静慈祥的佛像。香仿佛成为某种信号和讯息的媒介，香客焚香供佛参拜卜辞，似乎想通过那些烟势传达给佛某些意志，经火焚燃过的木散发出的味道增加了仪式和环境的神秘感，迷离烟雾寄托着人们的信仰和祈愿。

要闻香，就要有一种空的心境。金农画的梅花册页有一开就题为“空手沾香”，充满了禅意，简淡之中似乎潜隐着一种宇宙豪情，包具无穷境界，争先非吾事，静照在忘求。

香合

香合，也叫香盒，是专门用来盛放香丸、香片的器皿。以香的形制来分，可分为线香、角香和盘香三种，京都人不仅斗香，也间接地斗盒。其材质和工艺手段的考究程度代表了合香的等级。为了方便携带，京都人还发明了沉香盒，他们称之为『沉箱』。香盒分为两层，每一层会有六格，可以满足香家的基本需求。除了斗香时方便携带，沉箱还有藏香、集香的功能。

香木　　练香　　印香

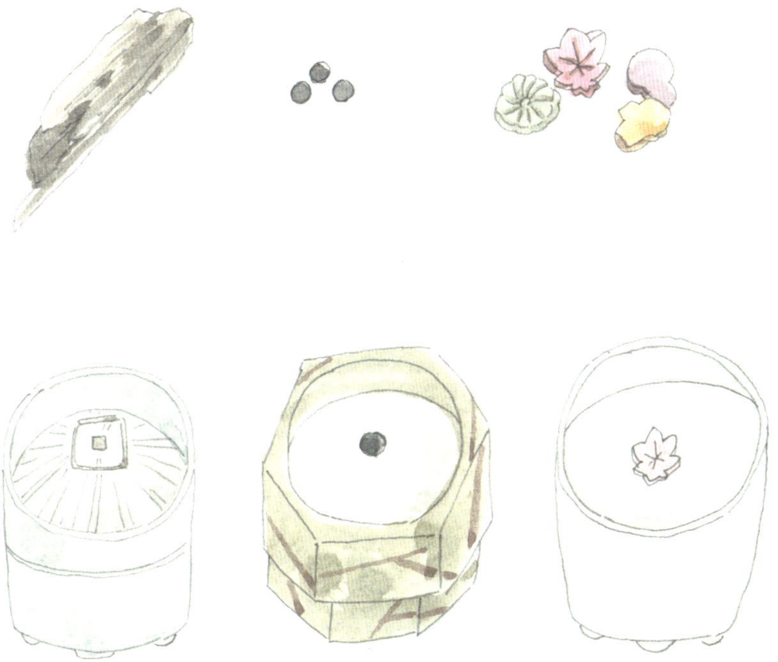

银叶

银叶夹

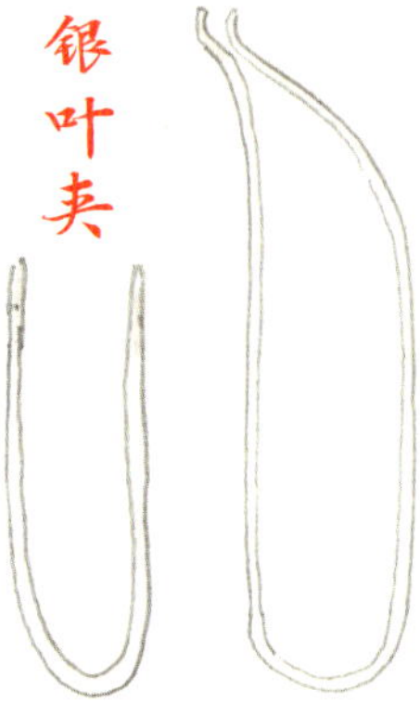

香瓶

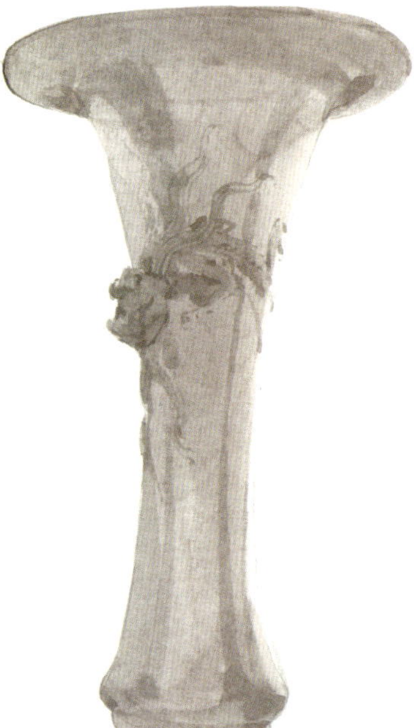

火箸

灰压

香炭

香匙

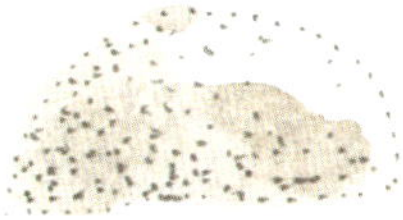

香箸

香帚

香铲

香铲

香炉

香盆

蝉型袋香囊

对很多京都人来说，香是生活的一部分。取自草木，藏入怀间或者袖袋，淡淡悠悠，比西方的香水来得更含蓄，更贴近自然的味道。京都人把香囊的形制发展为几十种，香囊中的香袋可以替换，每个时节，他们都可以拥有自己喜爱的味道。

线香

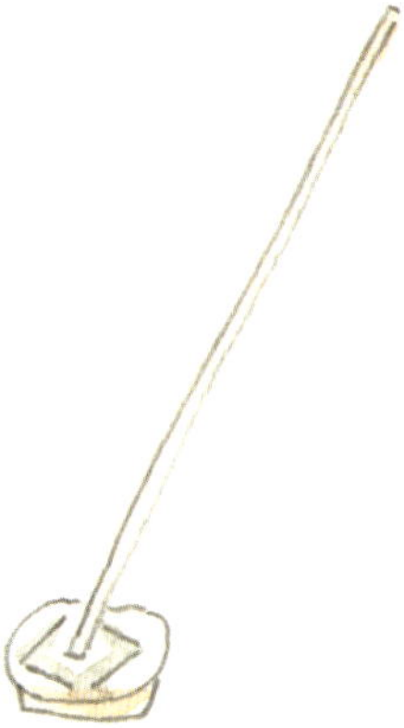

角香

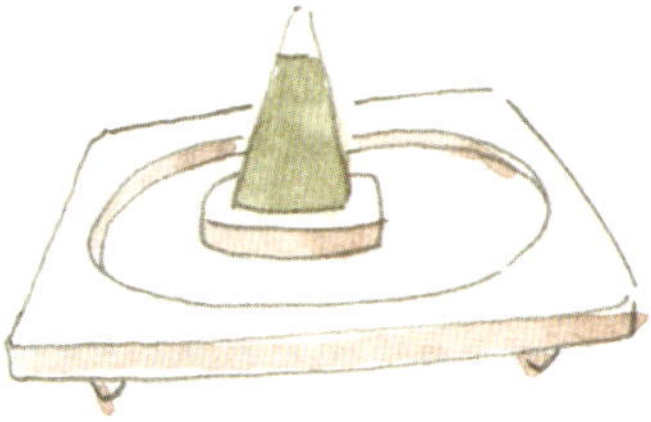

盘香

沈箱

茶碗

茶道

日本的茶道主要分抹茶道和煎茶道两种，每一种又分流出不同的流派。抹茶道，保留唐宋的风物遗存，整个过程充满禅意。煎茶道继承明代泡茶手段，在日本发展至今，从单一的几件器物，通过茶家的不断开发，扩大至上百件的茶道具。

炉扇

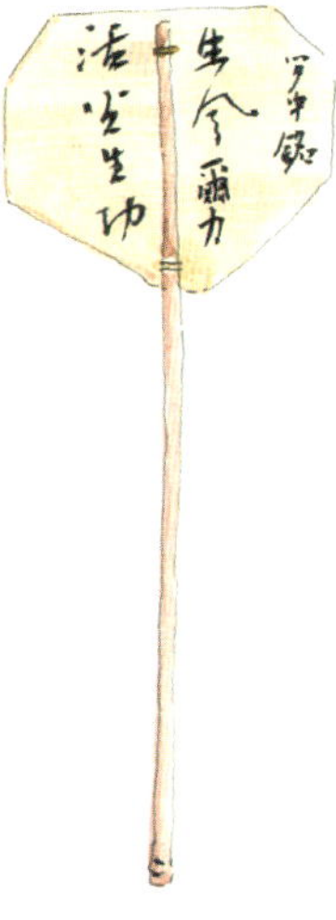

羽帚

炉羽

风炉用灰匙

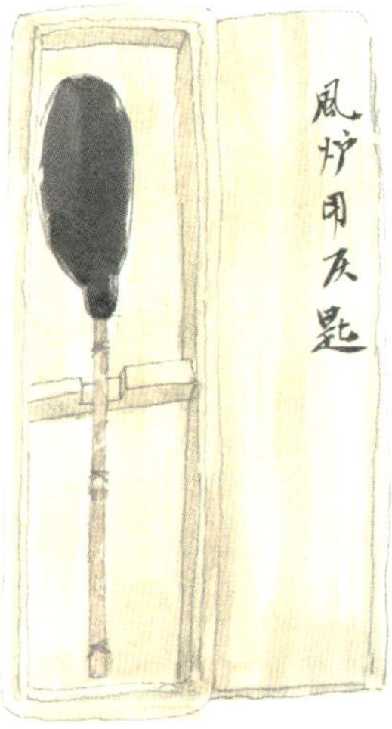

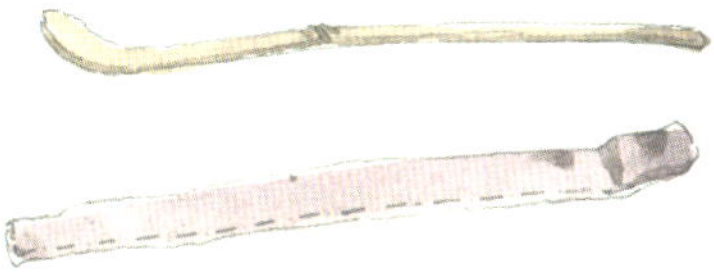

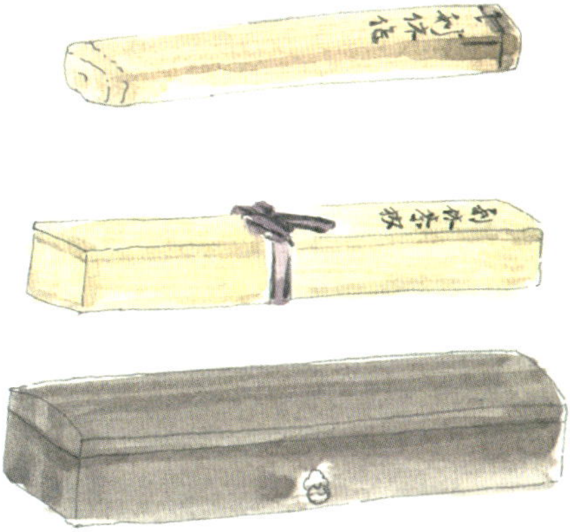

茶杓

帛纱

茶巾

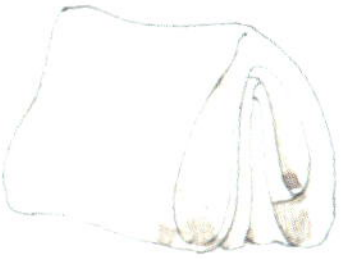

柄杓

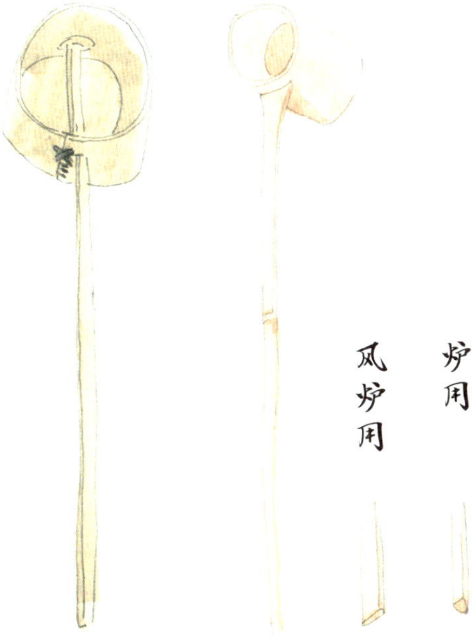

茶筒

日本对于盛装茶粉、茶叶的器皿分类很细。初入抹茶道，第一接触的便是专用于薄茶粉的枣和盛放浓茶粉的茶入，两者各自的形制就多达十余种。枣由其『利休形』的基本器型不断发展而来。茶入的起源说法不一，有的说来源于盛放火药的容器，也有说源自盛放头油用的盒子，有名的『初花』茶入据说就和杨贵妃用过的油盒有关。日本战国时期主要依靠中国少量进口的茶入『唐物』，这种稀有茶入成为社会地位的象征。

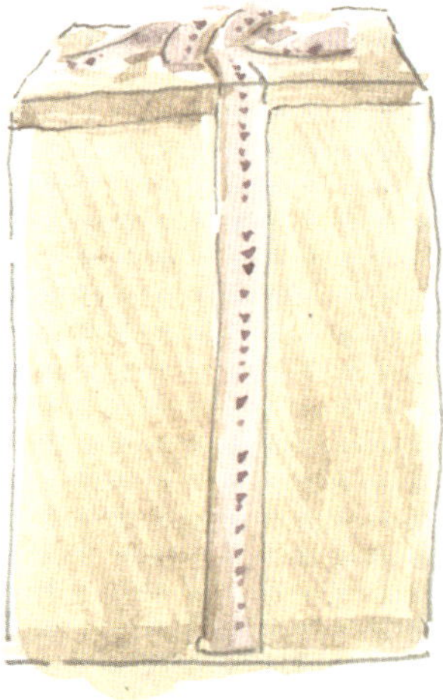

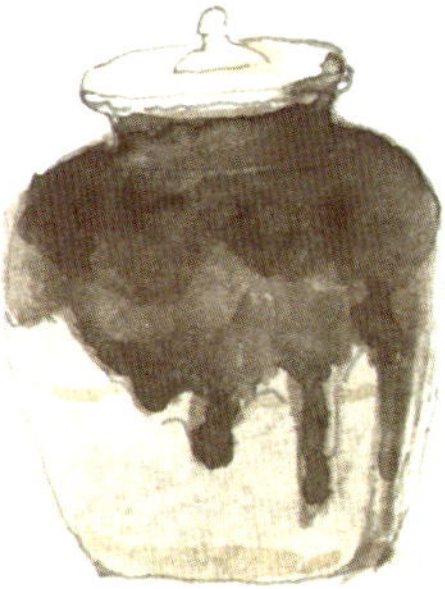
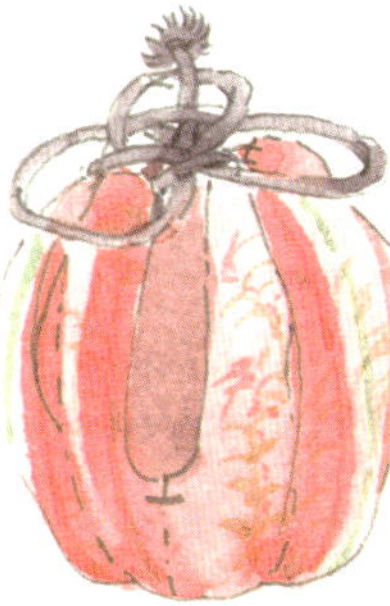

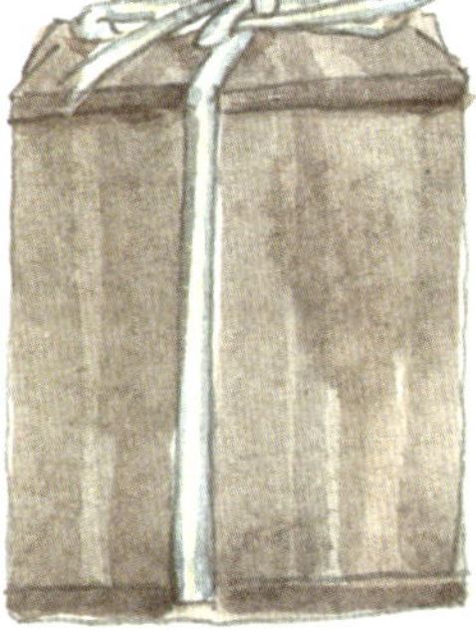

朝日烧

茶杯

红铎风炉

风炉

盖置

风炉用

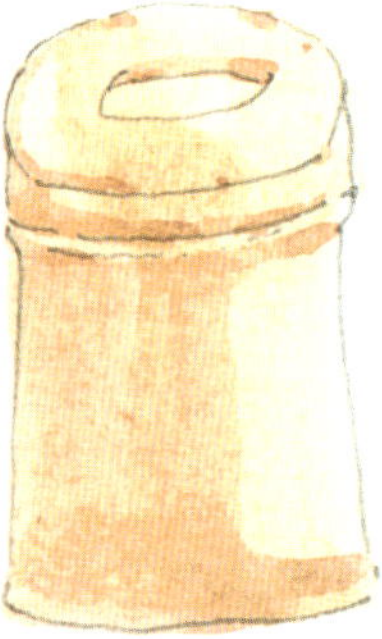

炉用

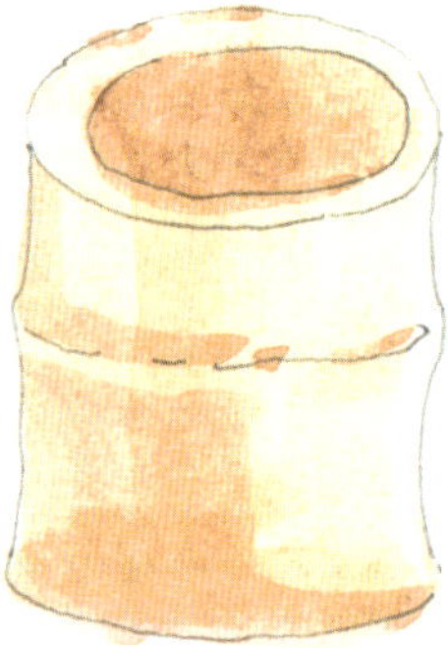

釜釻

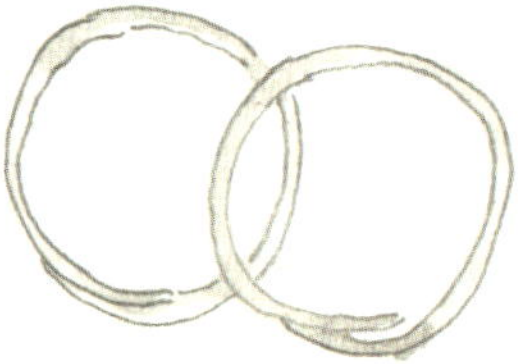

水指

建水

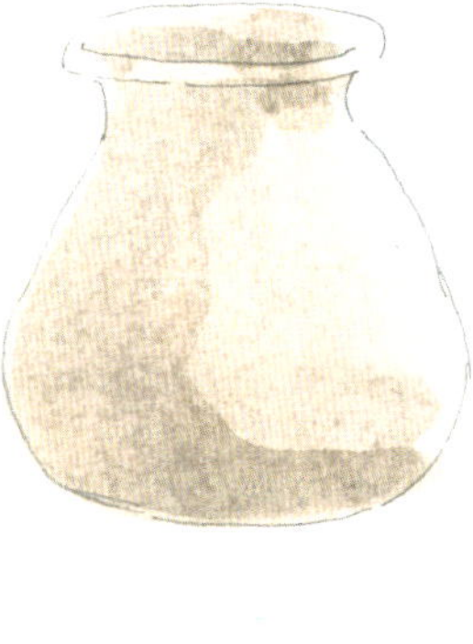

茶筅

茶筅立

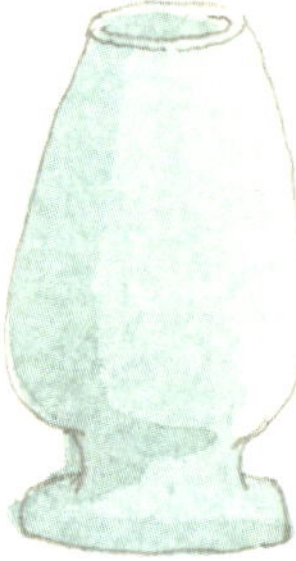

茶筅立筒

茶筅用仕覆

铁壶

瓶覆

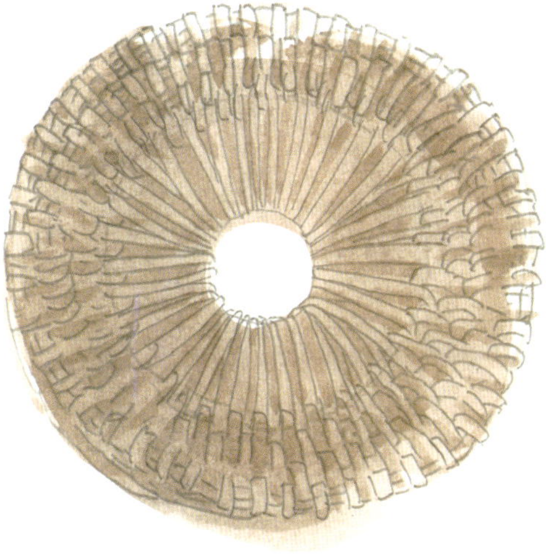

専慶流

松月堂古流

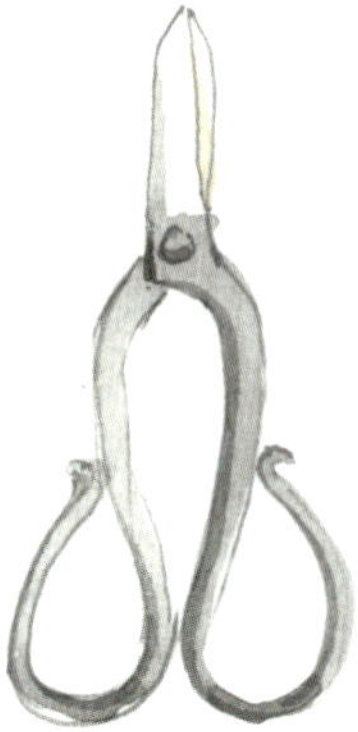

芽切鋏

房切鋏

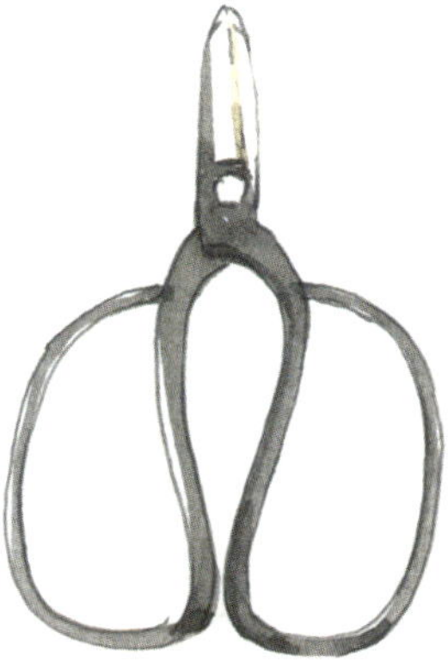

古流

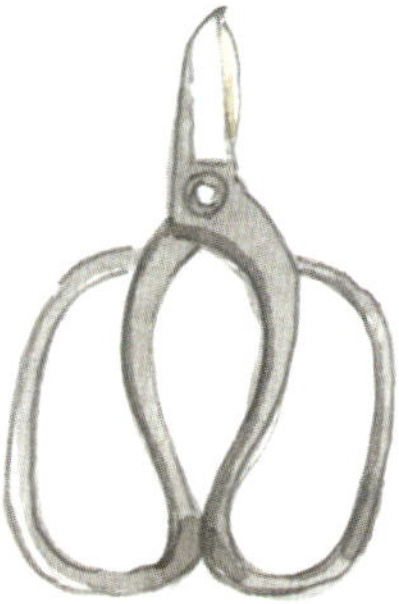

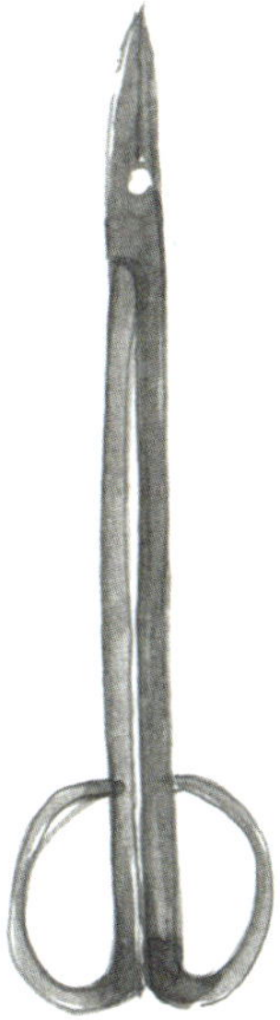

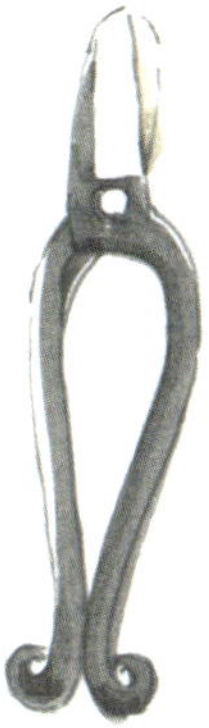

剪刀

刀具店中，整齐排列的剪刀就像一件装置艺术品，每把剪刀上用书法写着详细的流派适用和剪刀名称，波普味十足。

生花

在京都人眼中，『生花』一词抓住了花的本质。『插』的动作是粗放的，表达不了来自花道的敏感而纤细的感受。想要『生花』，尤其是在水盆等浅口容器中，则需要用到『剑山』或者『花留』等固定花形的材料。

剑山

花留

花笼

花笼风格上有唐物、和物两种，以竹编、藤编为主。

一重切花入

挂于柱上的竹筒形花器一重切充分体现『挂花』之美。

铜花瓶

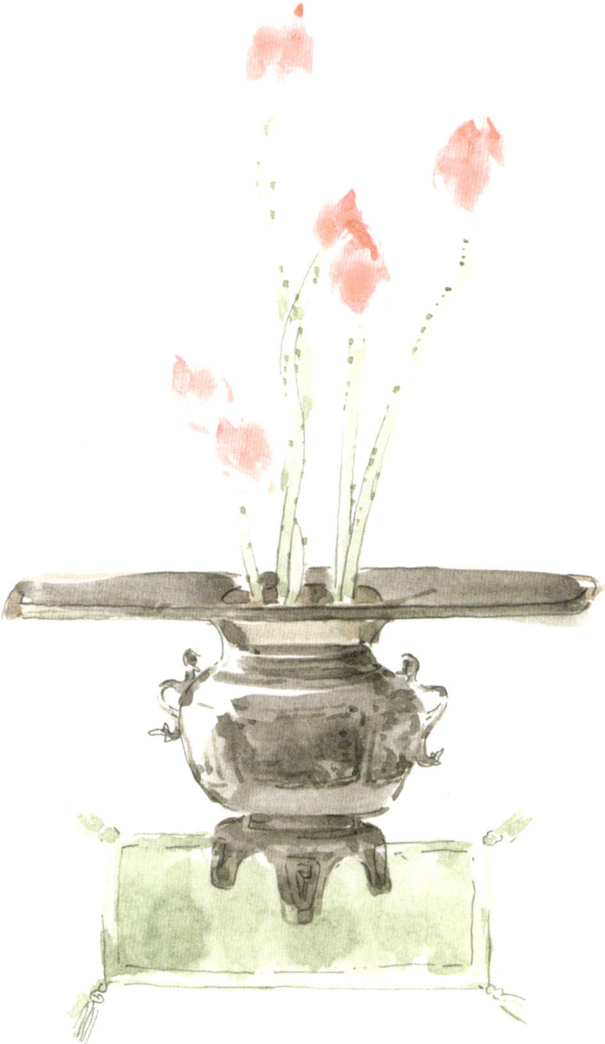

花瓶

食帖

徐旭峰

日本人对美好的事物总有种一步不让的认真和坚持，拥有把一件小事做到极致的情怀，所以京都的街头巷陌，很轻易地就能找到那些遵循过去制作方式而产生的不变的味道，那是连外乡人都会怀念京都的味道。

第一帖

一辈子只做一件事

选用最理想最新鲜的食材，是作为日本任何一家餐饮店的基本原则，翻阅任何一家餐馆的食单，你便会发现他们的专一。在京都的料理店，一般找不到寿司、烤物、生鱼片、豆腐料理一应俱全的菜单，这和他们一贯的做事风范一样，追求精细化。若想吃遍，估计得花上两周左右的时间四处寻访。京都拥有上百家百年料理店，这与家族的一脉单传息息相关，不仅茶馆、豆腐坊、拉面馆等料理店，就连酱油、味增等佐料也代代相传，执着于保留食物最原始的味道，保留最地道的日式风味。

第二帖

创作仪式

怀石料理的营造，用“创作”一词最为妥贴，从头到尾都是与材料交流的过程，在与材料的相遇相知中创造出新。在这个过程中，不管是料理者本身，或者配合互动的食客，从食材本身或多或少都会感受到一种超越物质、近似于人格的东西，借用日本人夸张的说法，“有时甚至仿佛能从材料中触摸到神域”，那样的瞬间让人身心愉悦。

素有究极料理之称的怀石料理，百年以上的店在京都不在少数，由于料理需要事先准备三到四小时的缘故，用餐前一般都需要预约。在很多料理店的总店内，店主会存一口井，这是他们引以为傲的家族历史与荣耀的象征。祇园花见小路和巽桥的周围，便能发现这类井，但大部分都藏匿于庭院或暖廉之后，正符合了日本人螺丝壳里做道场的风格，大家都坚信自己的水做出的料理是最独一无二的。

若说荞麦面是现代文，怀石就是一篇古文，其中的起承转合间，骨子里就带有某些自治自律的仪式感。第一次去高山市冈田太六的家中进食，心中甚至有些紧张。怀石料理源于僧人的“茶怀石”：腹中置一暖“石”，以之温腹，令腹饥稍得减释，此僧家矢意少食之修炼，慢慢地因为茶道的融入，发展成了茶怀石。茶道把进食和饮茶进一步提升到一个洗练洁雅的境界。一道道极富清素仪式美感的出菜，与茶道美学融合塑造出了怀石料理的配色、陈设、出菜、季节感等等讲究。

若仔细阅读桌前毛笔印刷体的菜单说明：“先付け”（轻盈清新的开胃小菜）、“八寸”（时令主题菜色，通常为一种寿司与几道小份小菜的组合）、“向付け”（时令生鱼片）、“炊き合わせ”（小块食材闷煮）、“盖物”（汤或茶碗蒸）、“烧物”（时令鱼类烧烤）、“酢肴”（醋腌渍菜）、“冷钵”（用冰镇过的食器来盛放熟食）、“中猪口”（酸味汤）、“强肴”（一般为烤制或煮制肉类的主菜）、“御饭”（米饭为主要食材的菜）、“香物”（时令腌制蔬菜）、“止碗”（酱汤）、“水物”（餐后甜点）。其中包含着反反复复的节奏，从“先付け”到“炊き合わせ”（由轻及重），从“盖物”到“强肴”（由轻及重），从”御饭”到”水物”（由重及轻），不断刺激的味蕾，一波一波，各说各语，各有领悟各有执着，最终又统一成一个调性，空阔清明，无沾滞，无挂碍。

第三帖

花“吃”

与甘春堂的面点师打趣说，若不知道最近是什么节气，看当季的和果子就好了。这话并不为过，每一个时节都有相对应的和果子，新年菱葩饼、初春樱花饼、初夏水无月、秋分牡丹饼等，以和歌俳句命名，具有很强的时节性。除此以外，什么时候该吃什么果子是极为讲究的，祈愿安产要吃“带缔团子”或红白饭；出生后三日向近邻分发

“萩饼”，借意以弓矢之力退散妖魔；入学、毕业、就职是人生要紧事，食“白馒头、赤饭、烧果子”中饱含感谢之意；成人礼用“红白馒头、赤饭”代表男子初次行冠礼，女子着裳；婚嫁的庆事则要以“松竹梅果子”来寓意人生第二次的出发。

果子的美感，全凭职人的手上功夫，业界称之为“手形物”，意指借由手上技巧，拟化果子的造型，并加以竹片、三角棒、剪刀辅助，诞生出富有自然风物的果子。手作的果子，也分有写意形和具体形两种，例如梅花，有的职人会将馅料包以布巾，通过手法拿捏成抽象的形态，衍生自己对梅花的理解；有的则纤细刻绘，以达到逼真的效果。果子的制作不论以何手段，最重要的还是其中蕴含的心意。有文脉，有呼吸，带着丝丝禅意，京都的纯粹便在不经意间弥漫开来。不同的食物每一次的组合都如同诗性的小品，犹如结缘相遇，一期一会中碰撞出最美瞬间。

京都旧街上的百年老铺，穿过布帘，感受时间在那里静止。盘中方寸，见花月，见天地，见人情。京都人对自然爱得彻底，一心想把好看的风景装进好看的盘子，料理如此，点心如此。一年三百六十五天，人们捧出日本各类精美器皿，配以气候、器皿相得益彰的果子，四季、自然、生命就蕴藏在里面。

月桂冠

京刃具

日本的大部分料理店对京刃具多钟爱有加，好的刃具将在处理生鱼片、蔬果等食材时可最大程度保证其新鲜度。

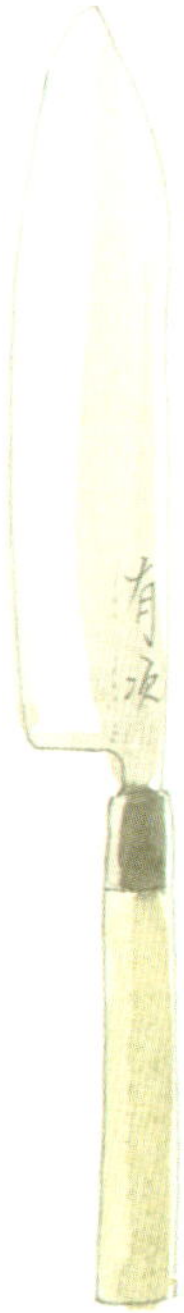

酒具京烧·清水烧

与日本其他地区的陶瓷器不同，源于千年古都京都的『京烧·清水烧』体现了由当地自然条件长期孕育而生独特美感。

京豆腐

鳗鱼饭料理套餐

茶泡饭

荞麦面

渍物

焼物

焼丸茄葱 草餅 山葵菜 捩人参

梅柚子 薄氷蕪

鰆唐墨粉焼き

口直し

金柑山葵かけじ

強肴

鰤しゃぶ かぶら葱 聖護院大根

御飯物

金時人参

初午御飯 人参 揚げ 三つ葉

後吸物

牛蒡すり流し 黒胡椒

香の物

鯛味噌 蕪大根

水物

牛乳アイスクリーム 焼きりんご

懐石料理菜単

如月の御献立

食前酒　梅花酒

猪口　赤蕪蒸し　蟹　蟹味噌あん
生姜

八寸　手綱寿司　葉山葵　氷魚　のし梅
蕗の薹味噌漬け　煎玉子
鱈子落雁　菜種辛子和え　梅豆腐　黒豆

向付　鯛　紋甲烏賊　山葵　新海苔
こしび（小鮪）　煮切醤油

蓋物　鴨真薯　薄葛仕立て　絵馬慈姑

怀石料理　猪口

怀石料理　八寸

梅花酒

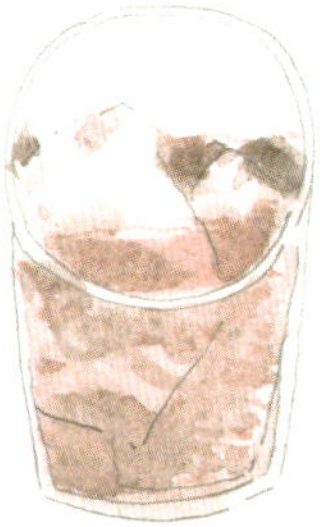

怀石料理　向付一

怀石料理　向付二

怀石料理

盖物

怀石料理 烧物

怀石料理　盖物

怀石料理　强肴

怀石料理　御饭物

怀石料理　后吸物

怀石料理　香物

怀石料理　水物

茶会必备

帛纱、怀纸、古帛纱、果子切、扇子，是出席茶会的必备，也是充分反映自身品位的重要道具。帛纱和扇子藏于腰带，怀纸、古帛纱、果子切则藏于怀侧。

怀纸夹

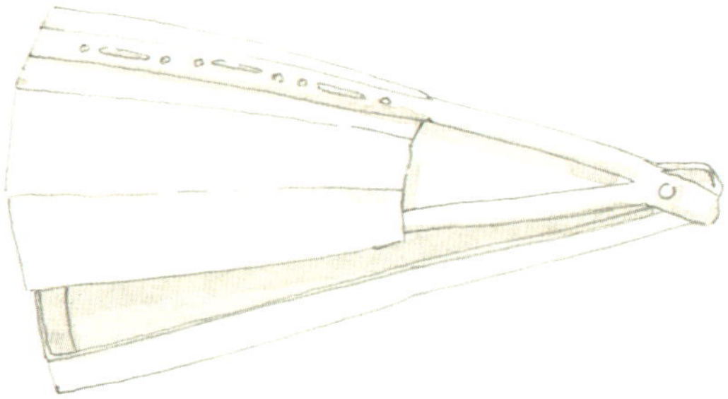

杨枝盒

果子切

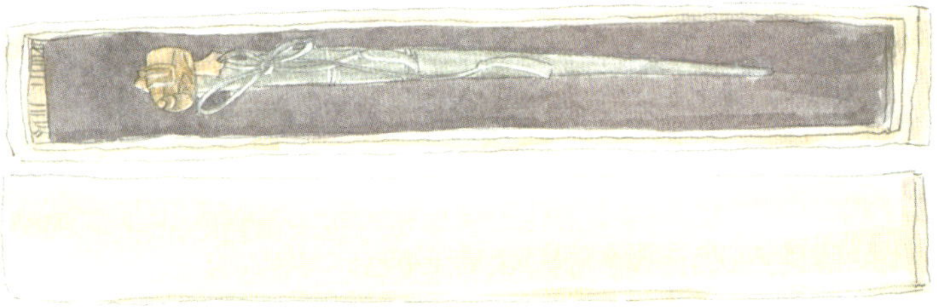

果子盆

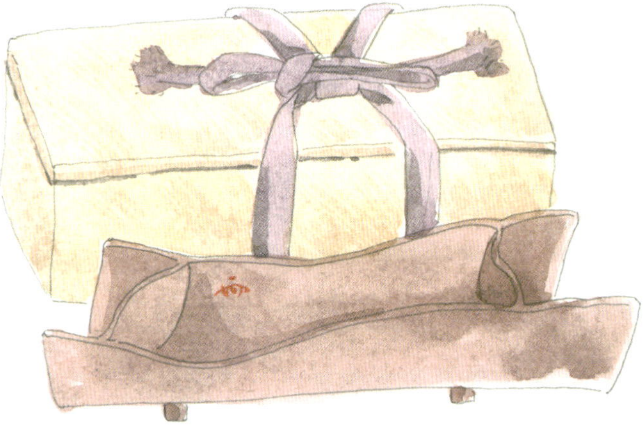

和果子模具

野菜煎饼

凉豆水

黑豆

押果子

节庆限定生果子（部分）

迎春

申

华茶人

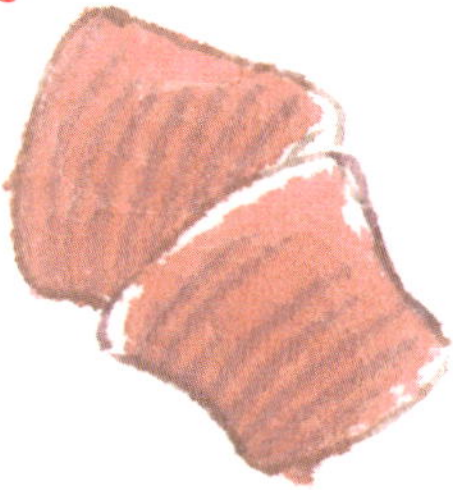

福梅

松

上巳

桃花

内裹样

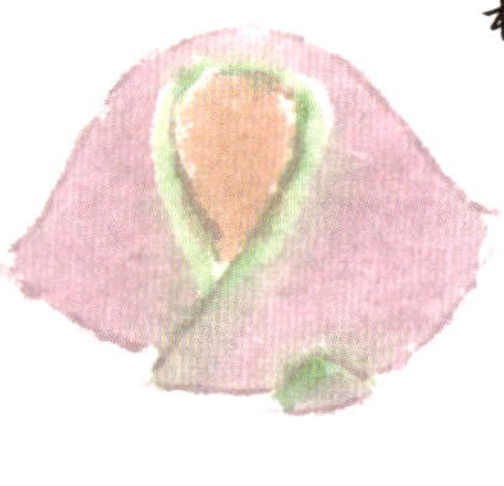

端午

子供之日

花菖蒲

七夕

星愿

天织音

重阳

百代草

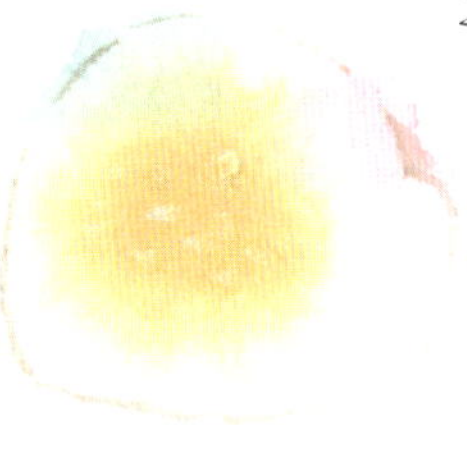

着锦

十二月例生果子（部分）

初梅

松寿

寒牡丹

水仙

早蕨

初音

菜花

春景

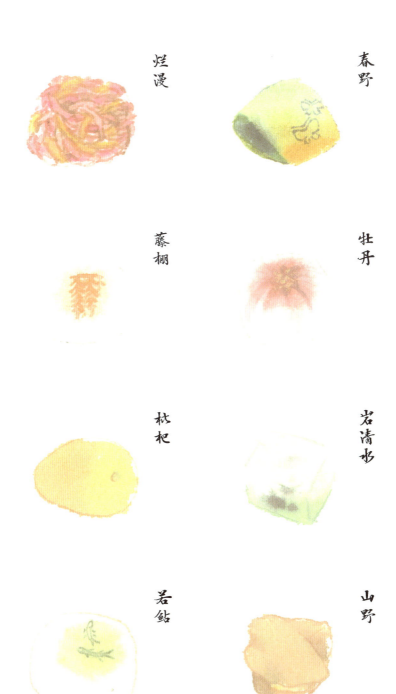

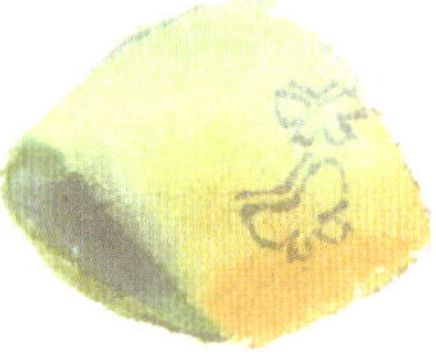
春野

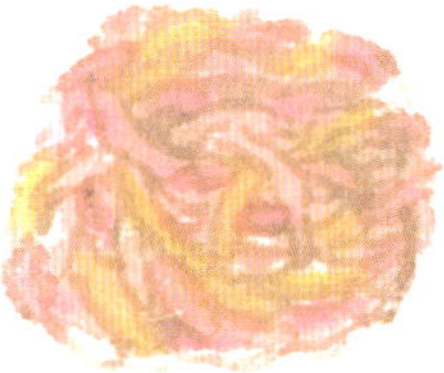
烂漫

牡丹

藤棚

岩清水

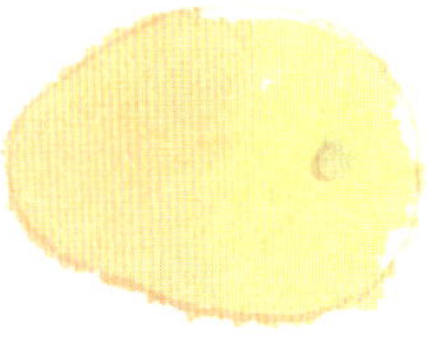

枇杷

山野

若鲇

若鲇

野菊

初秋

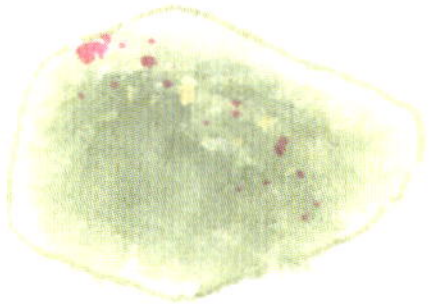

大轮

京岚山

山茶花

丰秋

冬山路

半生果子

团子

淡雪制田梨

砂糖果子

金平糖

落雁
干果子

瓢

藤

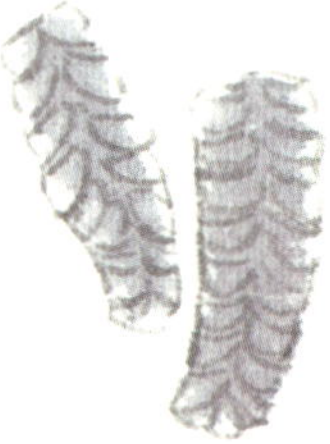

枝豆

水

天竺牡丹

朝颜

栗

松茸

红叶

竹

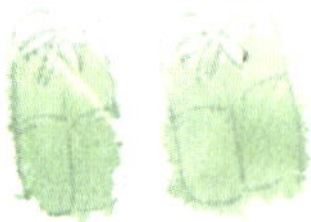

红寒椿

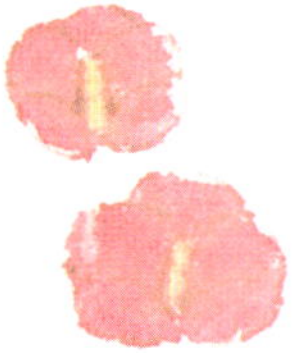

松笠

干锦玉

蝶蝶

茑绿

菊白

松

菖蒲

鲇

茑红叶

梅

有平糖

千代结赤

水

结笠

生砂糖

银杏

松雪

樱

琥珀

清流

枫

花

和三盆

子

丑

寅

卯

辰

巳

午

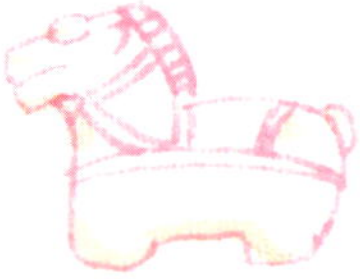

未

申

酉

戌

亥

图书在版编目(CIP)数据

京都之美 / 上海博物馆编 . — 北京：北京大学出版社，2016.7
(博物新知丛书)
ISBN 978-7-301-27341-8

Ⅰ. ①京 … Ⅱ. ①上 … Ⅲ. ①文化 – 介绍 – 京都 Ⅳ. ① G131.3

中国版本图书馆 CIP 数据核字 (2016) 第 175361 号

书　　名　京都之美
　　　　　JINGDU ZHIMEI
著作责任者　上海博物馆 编
主　　编　杨志刚
策　　划　陈曾路
统　　筹　高秀芹
责任编辑　梁 勇
特约编辑　庄 妤
手绘创作　徐旭峰（器物、食物部分） 陈惟蕊（建筑部分）
书籍设计　曹文涛
标准书号　ISBN 978-7-301-27341-8
出版发行　北京大学出版社
地　　址　北京市海淀区成府路 205 号　100871
网　　址　http://www.pup.cn　新浪微博：@ 北京大学出版社 @ 培文图书
电子信箱　pkupw@qq.com
电　　话　邮购部 62752015　发行部 62750672　编辑部 62750883
印 刷 者　联城印刷（北京）有限公司
经 销 者　新华书店
　　　　　889 毫米 ×1194 毫米　A5　4 印张　107 千字
　　　　　2016 年 7 月第 1 版　2017 年 3 月第 2 次印刷
定　　价　29.00 元